O inferno é logo ali

Mike Sullivan

O inferno é logo ali

Copyright © 2023 Mike Sullivan
O inferno é logo ali © Editora Reformatório

Editor
Marcelo Nocelli

Revisão
Natália Souza

Imagem de capa
Lara Zankoul @larazankoul

Design e editoração eletrônica
Negrito Produção Editorial

Dados Internacionais de Catalogação na Publicação (cip)
Bibliotecária Juliana Farias Motta (crb 7/5880)

Sullivan, Mike, 1979-
    O inferno é logo ali / Mike Sullivan. – 1. ed. São Paulo: Reformatório, 2023.
    144 p.: 14 x 21 cm

    isbn 978-65-88091-76-0

    1. Poesia brasileira. 2. Contos brasileiros. i. Título.

s949i   CDD B869.8

Índices para catálogo sistemático:
1. Poesia brasileira
2. Contos brasileiros

Todos os direitos desta edição reservados à:

Editora Reformatório
www.reformatorio.com.br

Todos os extremos dos sentimentos são aparentados com a loucura.

VIRGINIA WOOLF, *Orlando*

Sumário

11 Às portas do paraíso

12 Amo todas as putas do mundo

14 Desistir da vida

16 Um dia morto

19 Eu queria ser aquele cara

22 Assombração

24 Minha pátria

25 Todo domingo

26 Há em mim a vontade permanente
de autodestruir-se

28 Um amor do passado

35 Prefiro os bares mais vagabundos

37 Eu preciso reagir

39 A primeira porrada do dia

41 Um merda

44 O amor não conhece a sarjeta

45 Semelhantes

47 Coisas que nunca saem de moda

49 Mortais

50 Mulheres

52 Já me apaixonei por uma mulher

54 Cidade maravilhosa

55 Boys

56 Fé

57 A moça da igreja
61 Corpo e alma
62 Não vai denunciar?
64 Amores platônicos
65 Prazer
67 Simpatia
70 Num dia de chuva
71 Por você, eu desistiria de morrer
73 Abismo
74 Testemunha de um suicídio
81 Diálogos com Deus
82 Deixe as velas acesas
84 Amor impossível
85 Quando tudo está morto
86 Mensagem de voz
88 Gosto de sangue
89 Onde Deus está?
91 Um discurso contínuo de autocomiseração
92 É sempre assim
94 Não há nada que você possa fazer
95 De que adianta ter paz
96 Um novo amor a cada dia
98 Nina
101 Uma vez na vida
102 Esquecer
103 Paz entre os mortos
104 Mergulho no abismo
105 Nem todo sapo quer virar príncipe

106 Eu e mamãe

112 Acordar e desejar ser outra pessoa

117 Que Deus tenha piedade de nós, amém!

119 Geração de perdedores

121 Antes que seja tarde demais

124 Três mulheres

127 O encanto da madrugada

128 A eternidade é assustadora

129 Desejar que tudo termine dentro

130 A paz

131 Um aprendizado para a morte

132 Amanhã só haverá mais saudade

133 Solidão infinita

134 Escrever é um ato de heroísmo

135 A salvação do mundo

136 Pela última vez

Às portas do paraíso

Eu não escolhi
a tristeza,
as mortes,
as internações no manicômio,
a miséria das ruas.
Eu só escolhi
as fracassadas tentativas de ser feliz.
No amor,
no sexo,
nos bares,
nas drogas.
E falhei.
Vivo às portas do paraíso
sem autorização para entrar.

Amo todas as putas do mundo

Meu pai encostou o revólver na cabeça da puta e disse com raiva: "Faça esse infeliz gostar de buceta. AGORA!" Isso aconteceu depois que a pobre mulher se recusou a ir pra cama comigo, alegando que eu era só uma criança. Eu devia ter uns doze ou treze anos e fui levado à força até o puteiro. Papai acreditava que podia me "consertar".

Não me recordo de muitas coisas daquela noite. Toda a dor de uma vida estragou alguns detalhes da memória. Lembro-me da saliva espumando nos cantos da boca de meu pai. Seus olhos esbugalhados. O hálito fedendo à cachaça, o revólver tremendo na mão dele. Os olhares assustados e piedosos da prostituta.

Foi nessa época que aprendi a gostar dos puteiros e das músicas do Cartola. A puta desvencilhou-se da mão de papai e me carregou para um dos quartos no subsolo. Lá dentro, eu a vi se despir, sem pressa, com elegância. Completamente nua, deitou-se na cama fitando o teto e aninhou-me em seu colo. Com a minha cabeça encostada nos seus peitos fartos, cantarolou baixinho, chorando, uma canção do Cartola:

"Ouça-me bem, amor
Preste atenção, o mundo é um moinho

Vai triturar teus sonhos, tão mesquinho
Vai reduzir as ilusões a pó."

Não peguei gosto por bucetas, mas me senti amado durante a meia hora que passei dentro daquele quarto.

Amo todas as putas do mundo.

Desistir da vida

O mais complicado em frequentar puteiros é fazer as putas entenderem que eu não estou ali pra fuder, que eu sou gay, que busco apenas novas amizades, companhia. Elas até tentam me arrastar para o quarto e ganhar uns trocados, mas com jeitinho vou deixando claro que gosto mesmo é de homens. No fim elas se divertem com isso. Aproximam-se com mais naturalidade, sem aquela encenação sensual, quando revelo ser escritor e digo que ainda vou ficar rico e famoso com meus livros. Sentam-se ao meu lado, curiosas. Pedem que eu escreva uma poesia dedicada a cada uma delas.

Toda mulher deseja um homem que a homenageie escrevendo uma poesia. Não importa se ela é puta, santa, freira, dona de casa, executiva.

Às vezes ofereço um baseado, um cigarro, pago uma rodada de cerveja. A literatura tem facilitado minhas amizades com as prostitutas, desde as mais velhas até as novatas. Nada contra as novinhas, mas, normalmente, prefiro as mais experientes. O corpo não faz nenhuma diferença pra mim. Gosto de ouvir as histórias pitorescas e engraçadas das putas velhas. As mais novas demonstram arrogância com o sonho desesperado de ficarem ricas através do sexo. Ambição descabida semelhante à minha: ganhar dinheiro com literatura. Mas a conversa nos puteiros flui muitas vezes para assuntos aos quais ainda não estou preparado para enfrentar. Outro dia, chapado, despido de vergonha, desabafei com uma puta:

"Acho que desisti da vida."

"Você fala assim, mas continua escrevendo."

"Sim. Escrever também é uma maneira de desistir da vida."

Um dia morto

Acordei cedo.
Lavei o rosto na água fria.
Fiz café.
Ato contínuo,
refugiei-me na varanda do apartamento,
segurando numa mão
a caneca de café fumegante
e na outra o cigarro.

Fumei vários cigarros.
O dia estava nublado.
Eu tentava não pensar em nada.
No entanto, era impossível
não pensar nas horas seguintes,
soterradas
pelo tédio
de um dia morto.

Falsa sensação
de paz e sossego.

Faria mais café daqui a pouco.
Fumaria outros tantos cigarros.
Tentaria escrever algumas linhas

do novo romance interminável.
Desceria para comprar
mais um maço de derby e
almoçar no restaurante da esquina,
onde a comida é ruim,
mas o preço é bom.
Dormiria a tarde inteira.
Acordaria lá pelas seis,
desorientado.
Lutaria para não chorar.
Cheiraria duas carreiras de pó,
no mínimo.
Abriria no computador
o arquivo do livro,
mas nenhuma palavra
nova surgiria na tela.

Ao invés de concluir
o trabalho literário que
venho procrastinando há meses,
eu bateria uma, duas, três punhetas,
sem se importar com a agressão
dessa imagem decadente:
um homem de quase quarenta anos,
drogado,
nu.

Tomaria uma ducha fria,
colocaria a camiseta de sempre
e a bermuda jeans encardida
que nunca me lembro de lavar.
Desceria para beber cerveja
no boteco de um velho amigo.
Só voltaria para casa de madrugada,
entorpecido pelo álcool,
tropeçando nos próprios passos.

Não veria o dia terminar.

Eu queria ser aquele cara

Eu queria ser aquele cara
que bate punheta
só pelo prazer de gozar.

Eu queria ser aquele cara
que não recorre a banheiros públicos
para esquecer do quanto se pode ser
infeliz na solidão.

Eu queria ser aquele cara
que enfrenta saudade no bar,
bebendo cerveja na companhia
de amigos.

Eu queria ser aquele cara
que não conhece a depressão,
que não afugenta a tristeza
com Rivotril
e
Prozac.

Eu queria ser aquele cara
que ouve Cartola e Lupicínio Rodrigues

sem que preciso seja se afogar
numa garrafa de cachaça.

Eu queria ser aquele cara
que ganha dinheiro
escrevendo livros
de autoajuda.

Eu queria ser aquele cara
que disfarça a melancolia
vendo o mar no Arpoador,
que põe um sorriso frágil na cara
depois de três
ou quatro baseados.

Eu queria ser aquele cara
que lê Augusto Cury,
Paulo Coelho,
Padre Fábio de Melo
e aprende a aceitar a vida
com generosidade e paciência.

Eu queria ser aquele cara
que não se esconde do mundo
em textos de autoficção.

Eu só queria ser aquele cara
fumando Lucky Strike

na varanda do apartamento,
sem pensar em nada,
cagando e andando para o amor,
encantado com a beleza
das coisas simples.

Assombração

Depois que papai
me levou num puteiro
com a finalidade de me
transformar numa pessoa "normal",
eu jurei que iria matá-lo.

Ainda que só tivesse
treze anos e nenhuma ideia
para levar a cabo sua morte,
eu acreditava
que se pensasse fixamente nisso,
com fé,
poderia abreviar
a jornada dele.

Anos mais tarde,
sem saber se por obra do acaso
ou fruto do meu ódio,
intolerância
e incapacidade de perdoar,
papai ouviu sua sentença:
câncer no esôfago.

Por nove meses,
acompanhei a doença
devorando seu corpo.

Pensar em papai
agrega ainda mais sofrimento
aos meus dias melancólicos.

Talvez, o meu desejo
impiedoso de que ele morresse logo
tenha abreviado sua partida.
O pedido de eutanásia
que os médicos sempre
lhe negaram.

Minha pátria

Nasci no cu do mundo.
Lá não existe amor.
É longe do coração.

Todo domingo

Todo domingo
eu me lembro daquele homem
que entrava no meu quarto,
em visitas frequentes
à nossa casa.

Aos domingos,
depois de umas carreiras de pó
e ouvindo Amy Winehouse,
eu busco amaldiçoar
aquele velho diabo,
o sono pesado de meus pais
naquelas noites longas,
meus gritos de socorro
presos na garganta,
o cheiro de suor e porra
impregnado em mim
ao amanhecer.

Há em mim a vontade permanente de autodestruir-se

Há em mim a vontade
permanente de autodestruir-se.
Não somente um boicote arbitrário,
mas, sim, um plano bem articulado
para transformar o corpo
e a mente em ruínas.

Apaixonar-se, com regularidade,
por um heterossexual.
Isolar-se do mundo e das pessoas.
Reverenciar a misantropia.
Descuidar-se da alimentação.
Mendigar o amor.
Pagar pra fuder.

O refúgio é nos bares.
Eu me sinto muito à vontade
em meio a bêbados,
viciados,
loucos,
poetas,
miseráveis.

Balcão imundo de bar
é o melhor amparo
para um coração desgraçado
pela falta do amor.

Algo me diz
que meu plano de destruição total
pode estar mais perto do que imagino.
Ando abusando
da cachaça e da maconha,
mesmo sabendo que não deveria
por conta dos antidepressivos.
Não tenho fome.
Hoje só comi um pão velho
escondido há dias dentro do forno.
Não tive nem vontade
de ver um filme no xvídeos.
E isso, sim, é um indicador
de que as coisas vão mal.

Um amor do passado

I.

Dez anos atrás eu fiz de tudo para ser infectado com o vírus da *aids*. Isso porque me envolvi com Douglas, um garoto de programa que conheci na Sauna 117 e que passou a frequentar minha casa. Chegamos, inclusive, a fazer algumas viagens juntos.

Douglas descobriu ser portador do vírus alguns meses depois. A doença já estava em estágio avançado. Segundo os médicos, o caso era grave e irreversível. Dificilmente sairia do hospital. Acho que foi a última vez que eu conversei com Deus para pedir alguma coisa. Nenhum milagre aconteceu.

Durante três semanas, vaguei por quase todos os inferninhos do Rio, não usei preservativos, injetei heroína com seringa compartilhada, além de frequentar os *dark-room* das boates. Eu queria o mesmo destino. Seria minha maior prova de amor.

Douglas não demorou a morrer. Seu corpo debilitado não suportou duas paradas cardíacas em sequência. Eu sobrevivi. Apesar das loucuras e dos muitos parceiros nas madrugadas, não fui contaminado com qualquer tipo de doença. Só minha mente sofreu o verdadeiro impacto.

Até hoje, sempre que a depressão se agrava é Douglas quem mais visita meus pensamentos. Não sei se foi bom não ter morrido junto com ele. O maior benefício da morte é o esquecimento enquanto o inferno terrível da vida são as lembranças e os arrependimentos. Ou quem sabe Deus poderia ter me recebido no paraíso. Quem morre por amor merece todo o perdão do mundo.

II.

Você foi a esperança e a desgraça.
O banquete, o vômito, a fome.
O manancial, o deserto, a sede, a insolação.

Você significou a euforia de uma festa:
o pó,
a cachaça,
o ácido,
a cerveja,
as canções que eu gritei.

E foi também a tragédia no dia seguinte:
a ressaca,
a melancolia,
as reclamações do fígado,
o cheiro azedo do corpo,
o gosto de plástico na boca.

Você foi o amor, a paz.
Uma histeria.
O céu, o inferno, a loucura.
A morte de vários dias
preenchidos por remédios,
lágrimas,
abandono
e desespero.

Você será sempre uma saudade.

III.

Vejo flores, jardins e morte. Não é o paraíso. São as lembranças do seu enterro sobrepujando a embriaguez e a atmosfera decadente do bar.

Sua família não permitiu que eu estivesse presente no funeral. Ameaçaram me bater se eu chegasse perto da capela. Assisti de longe, sob uma árvore grande, seu corpo magro, inerte, num invólucro de madeira, descer à sepultura. Não tive a chance de contemplar seu rosto pela última vez.

Sozinho, numa espécie de cerimonial particular, mastigando silêncios e fumando cigarros infinitos, chorei a saudade que sabia ser para sempre. Ao fechar os olhos, ainda posso ouvir o som da terra se chocando com a tampa do caixão. Ninguém sofreu mais do que eu naquela tarde modorrenta e atroz, coberta por uma luminosidade pastosa.

O mundo perdia sua cor.

Todos estavam lá: tua mãe que te ensinou a cheirar pó; tua avó evangélica que te condenou prematuramente ao inferno; os amigos da sauna. Teus familiares nunca saberão o quanto eu te amei. Eles acreditam que fui eu quem te infectou com o vírus da aids.

Mas apesar de todos os meus esforços para estar abraçado junto a ti na cova, permaneço vivo. E a dolorosa pergunta que ancorou no meu peito se repete até hoje: como sobreviver à perda de um grande amor?

IV.

Uma semana após sua morte, fui visitar seus pais, mesmo sabendo que minha presença era indesejada. Pensei em comprar uma garrafa de vinho ou uma caixa de bombons numa tentativa de atenuar as mágoas. Mas quando seu pai abriu a porta, eu tinha tão somente as mãos vazias e unidas atrás do corpo. Ele me olhou de cima a baixo, sem dizer nada, incrédulo por tamanha petulância. Inicialmente, senti-me desprezado. Ainda bem que não estava bêbado e vestia uma roupa básica: tênis All Star marfim, calça jeans, suéter preto. Depois seu pai olhou dentro dos meus olhos e eu me preparei para ouvir as piores grosserias. Mas o que vi, naqueles olhos idênticos aos seus, foi o mesmo lamento que ambos compartilhávamos por sua morte. Como se pudesse finalmente entender o quanto eu lhe amava.

"Entre", disse seu pai, sem qualquer expressão no rosto.

Esgueirei-me por ele e me pus no centro da sala. O interior da sua casa confirmou as impressões que eu tinha desde criança: uma casa enlutada torna-se a extensão da sepultura do morto: fria, nauseante e com cheiro de terra úmida.

"Quer café, Mike?"

"Aceito." Meu estômago estava enjoado, mas disse que sim porque gostaria de preservar um pouco mais daquele silêncio, enquanto seu pai se afastaria até a cozinha para preparar o café.

Afundei meu corpo no sofá e minha cabeça logo se inundou de lembranças. Você me levando para dentro da sua casa. Festa de aniversário. Comemoração dos seus vinte e três anos. Todo mundo me observando. Minha vergonha imediata. Meu rosto ruborizado. Você me apresentando à família como o "dono de uma agência de modelos". A mesma agência que o tinha contratado para algumas propagandas e desfiles – os eventos que deram origem à moto, às roupas de grife, ao relógio, aos perfumes importados. Você sorria como se fosse divertido enganar aquela gente. Então percebi que nenhum deles sabia que você era um garoto de programa.

Para driblar o constrangimento, bebi vinho exageradamente. E, quanto mais eu bebia, mais sorria e falava alto.

Ouvi alguns rindo e me chamando de viado. Em seguida, você me aconselhou a ir embora e eu fui.

Não dei atenção a regras básicas: não sair com um mesmo garoto de programa mais de uma vez (para não correr o risco de se apaixonar); não se envolver com problemas pessoais do GP; não conhecer a família de nenhum deles.

Meses depois, veio a confirmação da doença, e o viado-dono-da-agência-de-modelos provavelmente transmitiu o vírus — foi isso que teus familiares imaginaram. Tanto que não autorizaram minha presença no funeral.

Seu pai me trouxe de volta à realidade com uma caneca de café fumegante. Sentou-se bem à minha frente.

"Sinto muito", eu disse debilmente.

E seu pai, bebericando o café já morno, começou a me contar detalhes da sua morte. Não sei se para me crucificar ainda mais ou somente para quebrar o silêncio constrangedor.

"O que o matou mesmo foram as duas paradas cardíacas em sequência. Mas ele já estava muito debilitado quando foi internado. O corpo inteiro coberto de feridas. Carcinoma." Bebeu um pouco mais do café e continuou. "Uma forte pneumonia o abateu. Ficou magrinho, pele e osso, e quase não conversava mais. Eu sabia que meu filho estava morrendo. Eu via nos seus olhos que ele já implorava pela morte. Parecia cansado de lutar. A doença estava vencendo-o. Ele queria descansar daquilo tudo." Depois se calou e chorou. Chorou diante de mim.

"Não tive culpa", eu disse. "Não queria que vocês ficassem com essa má impressão. Estou limpo dessa doença."

"Sabe, Mike, meu filho gostava muito de você. Falava de seu nome sempre com um aspecto de devoção. Alguma coisa de bom você deve ter trazido pra vida dele."

"Eu amava o seu filho", disse sem culpa, sem exagero. Não me preocupei com o que ele pudesse pensar a partir desta declaração. O que veio foi um novo silêncio. Seu pai de cabeça baixa. Um gesto que parecia me expulsar mais uma vez daquela casa e daquela família.

"Olha, Mike, acho melhor você ir embora. Daqui a pouco minha mulher vai chegar e eu lhe garanto que ela não será tão compreensiva quanto eu. Vá embora, meu filho. Vá viver sua vida. E proteja-se."

Eu agradeci pelo café, por ter me recebido, e deixei a casa. Na calçada, comecei a chorar as lágrimas que consegui reter enquanto estive lá dentro. Andei vários quarteirões chorando, lembrando do teu rosto, da tua alegria. Uma felicidade de viver que foi roubada de mim.

Prefiro os bares mais vagabundos

Prefiro os bares
mais vagabundos
porque neles sempre
me esbarro
com alguém tão fudido
quanto eu.
É como se o bar me dissesse
que nada será pior
do que toda aquela
merda
ali.
O copo sujo
cheio de cachaça.
A névoa da fumaça
dos cigarros.
O pó disfarçando a ferrugem
das mesas.
Escrever uma poesia
no guardanapo para tentar
aliviar a saudade.
O boquete de um desconhecido
lá pela madrugada.
A punheta à beira do vaso
coberto de mijo.

A maconha que o moleque
vendeu jurando que era pura.
O cheiro ruim.
Homens e mulheres
que refletem
minha própria miséria.
Gente fudida,
sem dinheiro,
desempregados,
putas,
drogados.
Doentes.
Assim como eu.
Um doente
que tenta se curar
com literatura.

Eu preciso reagir

Gastei quase tudo
com pó e maconha.
Só restou a geladeira,
o fogão,
o computador
e o colchão mofado.
Ando devendo dinheiro
até para as putas.
Sei que elas me ajudariam,
com certeza.
Mas vou dizer
o quê dessa vez?
Que depenei a casa
comprando drogas?
Tenho vergonha.
Todas as minhas amigas
que fazem ponto ali na Lapa
não poupam o que ganham,
mas sempre estão dispostas
a arrumar alguns trocados
pra te socorrer.
As putas nunca
te abandonam.

Já os garotos de programa
são uns desgraçados.
Se você está de boa,
eles se aproximam,
fazem mil elogios,
beijam na boca e tudo.
Daí quando você encontra
o fundo do poço,
afogado em dívidas,
querendo alguém apenas
para dividir um cigarro
e bater um papo,
eles somem.

Eu preciso reagir.

Passado mal resolvido
deixa o futuro aleijado.
E viver se lamentando
por coisas que não deram certo
é gostar de levar murro
na consciência.
A vida não cansa de bater
em quem não reage.

A primeira porrada do dia

Acordar de ressaca,
com dor de cabeça,
levantar da cama pra ir mijar e
encontrar sobre a tampa do vaso
um bilhete de despedida:
"Trepa com seus livros agora,
seu filho da puta."

Não por acaso aquele
pedaço de papel está ali,
no banheiro.
O cômodo da casa
com o qual eu devia me identificar,
assim você jogou
na minha cara ontem à noite.
Úmido,
o espelho e os azulejos
ornados por espessa camada de poeira,
cuecas sujas penduradas,
toalhas com ranço de suor,
um vazamento na torneira da pia
que pinga dia e noite.

Em sua nobre opinião de estudante
de arquitetura da UFF,
eu serei sempre um desgraçado que insiste
em viver na mesma marginalidade
das histórias que crio.

Não tive tempo de te dizer,
mas é justamente o contrário:
é a minha vida de merda
que destina aos meus personagens
miséria semelhante,
afogados em maldita sorte,
destroçados pela inexperiência no amor,
ausentes de esperança.

Mesmo assim,
acho que vou sentir
sua falta!

Um merda

Desci pra jogar o lixo e dei de cara com dona Virgínia, a síndica do prédio e proprietária da maioria dos apartamentos. Estou devendo dois meses de aluguel, três parcelas do condomínio e vinha evitando esbarrar com ela nos corredores. Não sei de onde tirar dinheiro para quitar a dívida.

"Você precisa acertar as contas atrasadas, Mike", disse dona Virgínia, uma mulher de cinquenta e tantos anos, cabelos grisalhos, com a pele do rosto macerada e manchada. Pelo que sei, nunca se casou e cuida de seis gatos. Há quanto tempo essa mulher não dá uma boa trepada? É o que sempre me pergunto toda vez que a observo por alguns segundos, atentando-me para a mania nervosa que ela tem de morder os lábios, o que me irrita profundamente.

Desviando o olhar para o chão, um pouco envergonhado, tratei de repetir o velho argumento:

"Estou pra receber uma grana aí, dona Virgínia. Assim que pintar eu pago a senhora."

"Nunca o vejo fazendo nada. Dinheiro não cai do céu, Mike. Deveria procurar um emprego."

"Eu sou escritor."

"Você já me disse isso. Pura perda de tempo."

"Enviei uns contos para umas revistas. Talvez aceitem publicá-los. Espere só mais um pouco. Por favor."

"Até quando? Também tenho contas a pagar."

"Mais quinze dias."

"Hum..."

"Na próxima semana também saíra a lista dos finalistas do Prêmio São Paulo de Literatura."

"E o que tem esse tal prêmio?"

"Inscrevi o livro que lancei no ano passado."

"Aquele que ninguém comprou? Que está empilhado aí no seu quarto? Como é mesmo o nome?"

"Corpo sepulcro", eu disse, constrangido. Por um lado, ela tinha razão. Vendi somente meia dúzia de exemplares. Ainda falta muito para ter de volta pelo menos a metade da fortuna que investi na publicação. Mesmo assim eu acredito que posso ser um dos dez finalistas e concorrer ao grande prêmio de duzentos mil reais.

"E tem outra coisa", disse dona Virgínia quebrando o silêncio. "Não quero mais aquele pivete trombadinha frequentando o prédio. Recebi reclamações dos moradores. Se tem dinheiro para suas porcarias pode muito bem pagar o aluguel em dia."

Ela se referia ao moleque que vem me trazer a maconha duas vezes por mês. Pouco me importa se o boy é bandido ou não. Pra mim é muito mais cômodo ter alguém que faz a entrega em domicílio do que correr o risco visitando as bocas de fumo da periferia. E o garoto nunca fez nada demais. Só aperta o interfone, sobe, pega o dinheiro e me passa o pacotinho.

"Fica tranquila, dona Virgínia. Não trarei problemas."
Essa foi a melhor resposta. Por pouco não mandei ir se fuder, mas se provocasse a ira daquela mulher, com certeza seria expulso e daí ficaria mais arruinado do que já estou.

"Quinze dias. Não se esqueça. Seu prazo final."

"Ok. Boa noite, dona Virgínia."

Joguei o saco de lixo no latão e voltei para o meu apartamento. Fazia muito frio. Esfreguei as mãos uma na outra, acendi um cigarro e sentei na beira da cama. Pensei no prêmio, na grana, nos contos que enviei para as revistas.

Pensei em você também, que me abandonou há três semanas. Simplesmente sumiu.

Não adianta querer casar comigo depois que eu ganhar o Prêmio São Paulo de Literatura. Queria mesmo era que você me amasse na sarjeta, bebendo 51, dividindo um pacote de miojo, fumando derby.

Mas foi por causa dessa merda toda que você foi embora. Eu acho. Na sua opinião eu sou apenas um sujeito drogado que pensa fazer literatura contando os fatos trágicos do passado. "Você é um merda". Essa sua última frase nem uma caixa de diazepan pode me fazer esquecer.

O amor não conhece a sarjeta

O amor não conhece
a sarjeta,
a cracolândia,
as bocas de fumo,
os dark-room,
uma badtrip,
a fissura matinal do cérebro.

Frequentando esses lugares e situações,
chego a me comparar com mendigos –
seres em que se conjugam
a miséria, a loucura, a fome.
Fome de tudo.
Inclusive de morte.

A mendicidade
é o lado mais obscuro
do abandono.

Semelhantes

Estou num café
lendo o novo livro da Patti Smith.
Sobre a mesa,
há também uma revista
que traz Cauã Reymond na capa.

Em determinado momento,
ao fechar o livro,
percebo que um garoto
de mais ou menos dez anos
mantém os olhos fixos
na capa da revista.
O menino está
ao lado do pai que, distraído,
faz o pedido no caixa.

Quando nossos olhares se cruzam,
o garoto assustado logo reconhece
que uma realidade idêntica nos une.
É como se de repente ele estivesse,
pela primeira vez,
diante de alguém que sabe
dos seus sentimentos mais íntimos.

Tive vontade de sorrir,
demonstrar empatia,
cumplicidade,
mas me afundei numa
melancolia estranha.
A minha infância
refletida no medo
e na vergonha visíveis
na inquietude da criança
que tenta se esconder
entre o balcão
e as pernas do pai.

O menino fitou
por mais alguns segundos
a foto do Cauã Reymond
antes de ir embora
de mãos dadas com o pai,
levando no peito, talvez,
a mesma tristeza que até hoje
habita os meus dias.

Coisas que nunca saem de moda

Você não é o centro do universo.
Você nem sabe onde fica
o centro do universo!

Eu sinto muito,
mas a religião te enganou,
seus pais te trapacearam,
os livros de autoajuda
vivem te passando a perna.
Egocentrismo só é bom
pra encher o salão
das igrejas
e
entupir de dinheiro
os pastores.

Crise existencial não serve
para absolutamente
nada.
Quem gosta desse lance
de ansiedade,
angústia,
depressão,
pânico,

chifre e
amores impossíveis
é traficante e
dono de laboratório farmacêutico.
Cocaína,
maconha,
morfina
e
alprazolam
nunca saem de moda.

Mortais

Não temereis a morte porque,
verdadeiramente,
os vivos não a conhecem,
os mortos estão impedidos
de revelar suas impressões e
nenhuma surpresa
ou
espanto
havereis de ter
naquilo que é inevitável.

Nossa única chance
de imortalidade
está condicionada
à memória
dos vivos.

Mulheres

É tão bonito ver
uma mulher lendo um livro,
fumando um cigarro,
erguendo uma taça de vinho
ou um copo de cerveja.

Tenho vontade de pedir um abraço
toda vez que contemplo
uma dessas cenas.
Não sinto desejo
por mulheres,
mas é fácil render-se
à magia que elas exercem
quando as encontro
nos cafés,
nos bares,
nas livrarias.
Sozinhas,
independentes,
felizes,
realizando coisas
que muitas ainda acreditam
só serem possíveis
se estiverem acompanhadas.

Talvez a minha vida
fosse muito mais fácil
se eu sentisse tesão por mulheres assim
e não por homens
exploradores.
Um defeito
que tentei corrigir por anos,
sem êxito.

Já me apaixonei por uma mulher

Já me apaixonei por uma mulher. Aconteceu no lançamento do meu primeiro livro, num café. Fui atraído por Izabel assim que meus olhos se fixaram no seu rosto parcialmente mutilado e no lenço florido amarrado na cabeça, substituindo os cabelos. Izabel estava ali por acaso, de passagem pela cidade, apenas para visitar um parente no hospital. Decidiu entrar no café para comer alguma coisa antes de pegar a estrada.

Demonstrando interesse pelo que eu havia escrito, sentou-se à minha frente e puxou conversa. Estar diante daquela mulher aliviou a tristeza de uma tarde de autógrafos fracassada. Nenhum convidado além dela.

Dividindo cafés e cigarros, Izabel acabou me revelando sua história: num igarapé de pouca profundidade, a correr no interior da mata, na região central do Pará, a garota de doze anos tem seus cabelos arrancados. O escalpelamento acontece dentro de uma embarcação sem segurança nenhuma, que tem o motor e seu eixo descobertos. Quando o motor é ligado, o eixo gira em alta velocidade. Durante a viagem, como é comum, o barco fica alagado. Passageiros têm que tirar o excesso d'água. A garota abaixa para pegar uma vasilha. Ao se aproximar do eixo, que gira muito rápido, seus cabelos compridos e presos num rabo de cavalo são arrancados violentamente.

Ela desmaia. Perde o couro cabeludo e tem parte da orelha decepada. Cabelo algum jamais cresceu. A garota passa a usar no alto da cabeça um lenço florido. Longo, de cetim, que recai sobre um de seus ombros. Um cabelo de matizes artificiais.

Cerca de uma hora depois, Izabel pagou pelo livro e foi embora. Nunca mais a vi. Bem como não a esqueci. Lembro até hoje do seu rosto carregado de tragédias. Só que, diferente de mim, seus olhos não registravam amargura, revolta, necessidade de pena e compreensão dos outros. Acho que foi essa paz inexistente em mim que me fez desejar tê-la ao meu lado por todos os dias da minha vida.

Cidade maravilhosa

No Rio de Janeiro
você sai sozinho de casa,
entra num bar qualquer,
refugia-se no canto
mais escuro,
próximo ao banheiro,
pede uma cachaça
e, mesmo assim,
não se sente só.

Mas às vezes estou tão triste
que prefiro ficar em casa.
Bebendo vinho,
fumando alguns cigarros e
ouvindo as canções
de Cartola,
Lupicínio Rodrigues
e Belchior.

Boys

Garotos de programa
viciam mais rápido
que o crack ou a morfina.

Evite-os.

Semelhantes à cocaína,
farão você acreditar
que são a única forma
de prazer possível.

Fé

Caso tenha necessidade,
procure Deus em qualquer canto.

Exceto nas igrejas.

Esses lugares são
espelhos defeituosos
que só refletem o pior de nós.
A gente se sente o monstro do parque.

Para Deus existir,
só é preciso você acreditar.

É o sonho
que se concretiza
por força exclusiva
do pensamento.

A moça da igreja

A moça da igreja bateu na porta logo cedo, justamente na hora em que eu cheirava umas carreiras de cocaína, ainda de cueca. Botei uma bermuda, uma camiseta, passei a mão no nariz pra tirar o excesso de pó e girei a maçaneta.

"Quem é você?", perguntei ao me deparar com uma moça segurando a Bíblia, de mais ou menos trinta anos, de saia comprida, camisa de manga longa e cabelos presos num coque no alto da cabeça.

"Vim anunciar o paraíso."

"Que paraíso, moça?"

"O reino celestial do Senhor Jesus."

"E tem diversão lá?", eu perguntei com um sorriso na cara. Já tinha sacado do que se tratava aquela visita. Mais uma tentativa de me converter e de me salvar da perdição.

Ela não respondeu à minha pergunta irônica. E pareceu assustada quando a convidei para entrar. Eu não dispensaria a oportunidade de ter alguém com quem conversar.

"Como se chama?", perguntei.

"Teresa."

"Prazer, meu nome é Mike. Acabei de passar um café. Você aceita?"

"Não posso entrar na casa das pessoas."

"Não vai fazer diferença você ficar parada aí fora ou aqui dentro. Entre. Por favor. Eu posso deixar a porta aberta se preferir."

Dei as costas e enchi duas canecas de café.

"Eu já aceitei Jesus, sabia?", disse ao entregar a ela a caneca de café. Teresa sorriu. Com certeza não levou a sério o que eu disse. Mas acabou cedendo ao convite e juntou-se a mim na mesa da cozinha. Ela bebericou o café em silêncio enquanto inspecionava com as sobrancelhas erguidas a bagunça sobre a mesa: fatias de pão de forma espalhadas, uma maçã cortada ao meio, talheres e prato sujo com o resto de macarrão da noite anterior, manchas de vinho, o cinzeiro abarrotado de cinzas e guimbas de cigarro.

"Então você aceitou Jesus Cristo como nosso único Salvador!", ela disse cravando seus grandes olhos em mim. Absorvi uma certa paz vinda daquele olhar. Talvez fosse o efeito da cocaína e não de qualquer força divina.

"Não é bem assim. Não nesse sentido que você acredita." Sorri após acender um cigarro e tragar com calma. "Na verdade, eu sou fã de Jesus. Há poesia em suas falas. Do ponto de vista literário, é encantador."

"É leviano simpatizar com Jesus somente por admirá--lo enquanto um... Um poeta. E não o reconhecer como o Filho de Deus."

"O que importa é que a poesia ainda salvará o mundo. Jesus deu provas disso ao fazer uso do lirismo e das parábolas para falar com os miseráveis. E a literatura ainda não produziu herói tão grandioso quanto Jesus. O cara venceu a morte," eu disse erguendo os braços, empolgado. Aquilo sempre me empolgava, desde os tempos de criança. E continuei: "Tinha de ser a ressurreição aquilo que colocaria Jesus no posto de Messias, o Filho de Deus, anunciado por uma vasta geração de profetas. Todos os milagres anteriores a sua morte não lhe serviriam de nada se não tivesse ressuscitado. Água transformada em vinho nas bodas de Caná, o cego de Jericó, cura de leprosos, cura da sogra de Pedro, cura de um paralítico em Cafarnaum, cura do homem com a mão mirrada, caminhar sobre as águas, multiplicação de pães e peixes, a libertação de um endemoniado gadareno – nada disso teria sido importante se não fosse a sua ressuscitação, o templo restaurado em três dias. A morte fora vencida. E ressuscitar é, sim, uma capacidade invejável."

"Vejo que tem conhecimento das Escrituras!"

"Pode não parecer, mas eu leio a Bíblia. E só pra citar um exemplo das poesias de Jesus, olha só o que ele disse: 'A candeia do corpo são os olhos; de sorte que, se os teus olhos forem bons todo o teu corpo terá luz. Se, porém, os teus olhos forem maus, o teu corpo será tenebroso. Se, portanto, a luz que em ti há são trevas, quão grandes serão tais trevas.' Isso é lindo."

"Concordo com você." Teresa bebericou um pouco mais do café. "Não tem medo do inferno?"

"Se de fato o inferno existir, ele tem que ser muito grande, pois só assim para caber toda a humanidade. Ninguém há de escapar."

"De teus olhos emana intensa melancolia."

"As pessoas se acostumam com a tristeza, com o sofrimento."

"No que mais você acredita?"

"Na morte."

"A morte é apenas uma das muitas manifestações de Deus."

"Não diga bobagens, moça."

Vi quando ela, em movimentos tranquilos e sem pressa, depositou a caneca sobre a mesa, folheou sua Bíblia até encontrar uma determinada passagem. Em seguida perguntou se podia ler em voz alta. Eu disse que sim. Ela me garantiu que iria embora logo após.

"Porque estou certo de que nem a morte, nem a vida, nem os anjos, nem os principados, nem a altura, nem a profundidade, nem alguma outra criatura nos poderá separar do amor de Deus, que está em Cristo Jesus, nosso Senhor."

Depois disso, Teresa levantou-se, pediu licença e foi embora.

Pelo resto do dia só pensei em Teresa, em Jesus e no Amor, o grande e terrível mistério do mundo, que tem o poder de nos destruir e também de nos encher de esperança.

Corpo e alma

Amor de verdade
é entre o corpo e a alma.
Quando um morre
o outro vai junto.

Não vai denunciar?

Cheguei do hospital faz meia hora. Três comprimidos de dipirona engolidos de uma vez só não são suficientes para aliviar a dor. Tive um corte no supercílio esquerdo e levei sete pontos. Mal consigo abrir os olhos de tão inchados. Passo a língua nos lábios e sinto gosto de sangue, mas não tenho coragem de me olhar no espelho.

O boy pegou pesado dessa vez.

"Não vai denunciar, Mike?"

Foi o que a enfermeira Clarice perguntou enquanto costurava minha testa. O nome dela estava escrito no crachá espetado em seu jaleco encardido. Uma mulher de quarenta e poucos anos que, provavelmente, se entope de efedrina a fim de suportar a rotina na emergência.

Ela se esforçou em ser gentil, tentando, talvez, disfarçar o cansaço depois de longas horas de plantão e a indiferença perante minhas lágrimas ao relatar as causas e o culpado daquele estrago.

"Não vai denunciar, Mike?"

Refiz mentalmente o questionamento de Clarice. Mas como entrar numa delegacia, de madrugada, enfrentar o descaso dos policiais, aguentar suas risadas, não se ferir ainda mais com o preconceito e os conselhos machistas?

Provavelmente, eles diriam: "Volte pra casa, rapaz. Você deve ter provocado o cara. Tome um banho. Esqueça essa história. Não vai dar em nada mesmo!"

E como denunciar se eu não sentia raiva, ódio? Isso não tive coragem de confessar à Clarice. Permaneci calado até que desce por encerrado o curativo. Ela aparentava-se conformada ao se despedir de mim. Não proferiu sermões. Disse somente "boa noite e cuide-se".

De volta ao apartamento, uma canção do Belchior toca na vitrola e me faz chorar de novo:

"Mas quando a vida nos violentar,
pediremos ao bom Deus que nos ajude.
Falaremos para a vida:
Vida, pisa devagar, meu coração, cuidado, é frágil;
meu coração é como vidro, como um beijo de novela."

A bagunça da noite anterior permanece na sala: um copo quebrado, o cinzeiro abarrotado de cinzas, vinho esparramado sobre o tapete, resquícios de cocaína em cima da mesinha de centro. Não era a primeira vez. O pó misturado com álcool o deixava alterado, fora de si, violento. Ainda roubou minha carteira e meu relógio de pulso. Desnecessário o roubo, pois eu nunca deixei de pagar o combinado.

"Não vai denunciar?"

"Não. Não vou denunciar", eu disse em voz alta, decidido.

Amores platônicos

Sei que vai dar merda
essa mistura de antidepressivos,
ansiolíticos e álcool. Mas o que fazer
para suportar a melancolia dos dias?
Hoje, por exemplo, não paro de
pensar nos amores impossíveis
que passaram feito arrastão na minha vida,
deixando o bolso vazio e a humilhação.

Sou campeão em paixões platônicas:
aos quinze anos, um motorista de ônibus;
aos dezoito, um atleta militar;
aos vinte, um amigo cuja família
me adotou como filho;
aos vinte e três, um companheiro de trabalho
que se afastou depois que contei o que sentia;
aos trinta e três, um rapaz bem mais jovem
que gostava de samba e cerveja;
aos trinta e cinco, o vocalista
de uma banda de garagem.
Atualmente, um garoto de programa.

Prazer

Amar um garoto de programa
é depositar flores em túmulos.
Inútil.

Porém, sigo amando,
ainda que seja preciso pagar sempre.

Mas qual prazer
chega até você de graça?
Nenhum.
No meu caso,
cada migalha de contentamento
requer dinheiro:
a cachaça,
a maconha,
a sauna,
os boys,
os bares.

E tudo se torna
um vício do mesmo jeito.

Não vejo muita diferença
quando se faz necessário
pagar pra fuder.

O problema é a bagunça
dos sentimentos dentro da minha cabeça.
Mas como evitá-los?

Simpatia

O plano era entrar no cemitério:
"Trago a pessoa amada em três dias."
A velha ficou espantada
com o que viu durante a consulta:
"Tem certeza que quer esse infeliz de volta?
Ele já infernizou demais sua vida."

Mas eu estava disposto
a qualquer coisa.

Naquela mesma noite,
por volta de duas da madrugada,
pulei o muro do cemitério.
Não andei nem cinquenta metros e
comecei a ouvir risadas,
som de violão e
o cheiro inconfundível de maconha.
Esqueci o objetivo principal de estar ali e
passei a seguir as vozes.
Eu já não tinha mais medo.
Sabia que não se tratava de fantasmas.
Minutos depois,
dei de cara com umas
quinze pessoas sentadas no chão,

próximo às covas rasas.
Bebiam cachaça,
cheiravam,
fumavam,
beijavam na boca,
cantavam.
Eu fui me aproximando devagar.
E, ao contrário do que imaginava,
a recepção foi a melhor possível.
Não perguntaram quem eu era,
o que eu queria,
o que estava fazendo ali.
Só lembro que uma moça levantou-se,
pegou minha mão e me puxou para a roda.
Vestiam-se de preto
e tinham muitas tatuagens no corpo.
A maconha, a cachaça e os novos amigos
afastaram momentaneamente a saudade de ti.

Estou pensando em visitar
novamente aquela velha
e pedir meus cinquenta reais de volta.
Pelo menos a metade,
que já dá pra comprar uma garrafa de conhaque.
Afinal, não fiz o que ela me pediu
e, portanto,
você continua bem longe uma hora dessas,
a mais de três dias de distância.

Provavelmente,
não voltarei a ver aquele grupo.
A coragem para pular o muro
de um cemitério não tenho mais.
Existem loucuras
que uma vez na vida basta.
Experiências que precisam
permanecer na memória
como sendo únicas.
Tipo fumar maconha,
cheirar e beber cachaça num cemitério,
rodeado de pessoas felizes e
descomprometidas com a opinião pública.
Traz contentamento a ideia
de ter feito algo inédito,
impensável e
para nunca mais.

Num dia de chuva

Num dia de chuva
(sempre chove em dias assim)
ele me disse que era
o fim para nós dois.
Não houve muita conversa.
Foi direto ao ponto:
conheceu um estrangeiro
que o levaria para os Estados Unidos,
com uma promessa de casamento
e um pagamento mensal.
Uma grana alta
que eu nunca poderia
oferecer.
Ele só pediu
que eu entendesse.

Como se me restasse
outra opção!

Mais um garoto de programa
que amo e vejo partir para os braços
de quem tem mais dinheiro que eu.

Por você, eu desistiria de morrer

Se te dissesse que hoje eu morreria,
você me pediria para desistir?
Qual seria o meu destino,
se por acaso você me
implorasse para viver a qualquer preço?

Já fumei dois maços de derby
e ainda enchi a cara no bar da esquina.
Agora estou bêbado, jogado no sofá.
O último cigarro se apagando
entre os dedos.
O rosto pálido em direção à porta,
tentando tornar realidade
a fantasiosa imagem tua,
com teus olhos grandes
e sempre sinceros,
a me olhar com piedade
e também com amor.

Enquanto penso na morte,
tudo é breu,
mórbido,
fúnebre,
irrisório,

pequeno.
Nada me faz sentir
tão bem quanto outrora fui.
Numa tortura sem fim,
sou forçado a voltar no tempo,
quando encarei teus olhos frios,
gelados, vazios,
surpreendentemente ausentes
de emoção mais forte.
Quando simplesmente
você decretou o fim.
Não houve gritos,
choro, raiva, desespero.

Somente a culpa,
a desilusão,
o desamor.

Por você,
eu desistiria de morrer.
Com você,
eu nunca teria um fim triste.

Abismo

Tem amor que
nasce,
cresce,
enlouquece,
apodrece
e desce.

Desce
até tocar
o fundo
da memória.

Testemunha de um suicídio

Entediado de ficar em frente ao computador verificando quantas curtidas minhas publicações no Facebook tinham recebido, resolvi sair de casa. Andei alguns quarteirões até encontrar um bar antigo. Um pouco sujo, mas eu gostava dele porque podia ficar à vontade com minhas ideias.

Fui direto ao balcão e, antes mesmo de me sentar num dos bancos, pedi ao velho carrancudo do outro lado que me servisse uma dose de conhaque. Bebi a metade de uma vez só. A garganta queimou. Cerrei os olhos.

Mais cedo, conferindo os sites de notícias, me deparei com dois casos terríveis: em Uganda (país onde a homossexualidade é punida com prisão, podendo ser perpétua em caso de reincidência), gay é queimado vivo na frente de crianças. No Brasil, um garoto de apenas oito anos de idade foi espancado até a morte pelo próprio pai porque gostava de lavar louças e de dança do ventre. Segundo o pai, a surra era apenas um corretivo para "ensiná-lo a ser homem". A criança teve o fígado dilacerado e uma hemorragia interna o levou a óbito.

Saber que um menino morreu de tanto apanhar não trouxe inspiração nenhuma para escrever.

Minutos depois, um jovem apressado sentou-se bem ao meu lado, deixando cair sobre o balcão um calhamaço que deveria ter mais de quinhentas páginas. O rapaz, como se repetisse todos os meus gestos, pediu, com resignação, uma dose dupla de cachaça. Parecia que, além de mim, outros também viam no álcool o anestésico mais potente para os sofrimentos.

Em silêncio, observei aquele jovem de feições extraordinárias. Vestia calça xadrez surrada, um casaco de couro marrom sobre uma camiseta branca. Não devia ter mais de vinte e cinco anos, muito pálido, cabelos escuros e brilhantes. Seus lábios pareciam coloridos com um batom vermelho.

Na primeira página daquele acúmulo de papéis eu li: *"Assassinatos e Culpas Hipócritas, escrito por Bruno Veloso"*.

Quando me voltei para o rapaz, ele me encarava com seus grandes olhos negros. Levado talvez pela descontração causada pelo conhaque, porém muito mais pela curiosidade, tentei estabelecer um diálogo.

"Escreveu tudo isso?", eu disse olhando apenas para os papéis.

"E o que você tem a ver?"

"Hei, não precisa ser agressivo. Só fiquei curioso pelo título e pela quantidade de páginas. Se foi você mesmo quem escreveu, deve ter levado um bom tempo."

Ouvindo de mim, um companheiro de bar, algo que soou aos seus ouvidos como um elogio, ele deitou seus olhos em mim. Dessa vez, menos raivoso, porém com olhares mais tristes, decepcionados, chorosos.

"Talvez eu não devesse ter gastado tanto tempo da minha vida com um projeto como esse."

"Fiquei impressionado só pelo tamanho da obra."

"Demorei quase três anos para escrever. Era tudo em que eu acreditava. Hoje já não sei mais."

"Escrever não é pra qualquer um. Muitos têm essa pretensão, mas poucos conseguem. Mas o que aconteceu com você?"

"Ninguém quer ler o que um autor estreante escreve." Bruno Veloso pediu ao balconista que trouxesse uma nova dose. Só voltou a falar quando seu copo já se encontrava cheio. Bebericou pouco dessa vez. "Todas as editoras que procurei disseram que meu livro não é bom o bastante para tamanho investimento. Outras para as quais enviei pelo correio o original, acabaram me devolvendo depois de meses, junto a uma carta em que diziam: *apesar de algumas passagens lindamente escritas e do tema interessante, seu livro não é adequado ao nosso catálogo no momento.* Talvez deva ser uma merda mesmo!"

"Está convencido de que escreveu um livro ruim?"

"Não sei mais..." Com desdém, Bruno Veloso levantou os ombros, bebericou um pouco mais da bebida fazendo barulho ao sugar com a ponta dos lábios. Demorou a voltar a falar. Não senti necessidade de interromper. Parecia que aquele jovem tentava transmitir uma mensagem que até então eu não sabia ao certo o que era. Descobriria tarde demais. "No início eu queria ser apenas um escritor. Nada mais me importava. Justamente por desconhecer ou ignorar todas as dificuldades que teria de enfrentar após concluir meu livro, eu escrevi com muita disposição. Eu sonhava com a história, dormia e acordava com cenas prontas em minha cabeça. Eu me sentia vivo ao criar. Talvez esse seja o maior regozijo do artista – a satisfação em ser responsável por sua criação, de dar vida a seres imaginários que até então só existiam em sua mente. No entanto, tudo desabou quando concluí a obra."

Aquilo me trouxe à lembrança uma passagem de um dos meus livros preferidos (Servidão Humana, de William Somerset Maugham):

"Há quem diga que a pobreza é o melhor aguilhão para o artista. Esses nunca lhe sentiram a ponta nas carnes. Não imaginam o quanto a pobreza rebaixa. Expõe-nos a humilhação sem fim, corta-nos as asas, corrói-nos a alma como um cancro. Não é riqueza o que se pede, mas o necessário para manter-se a dignidade, para trabalhar sem embaraços, ser generoso, ser franco e independente. Lamento de todo o coração o artista, escritor ou pintor que depende inteiramente de sua arte para viver. Nada mais degradante do que as contínuas preocupações com os meios de subsistência. As pessoas que desprezam o dinheiro só me inspiram desdém. São hipócritas ou idiotas. O dinheiro é como que um sexto sentido, sem o qual não podemos usar de modo completo os outros cinco. Sem uma renda decente, metade das possibilidades da vida ficam perdidas para nós."

"Estou morto", disse Bruno Veloso trazendo-me de volta à realidade e cravando seus olhares duros, frios e penetrantes em mim. Depois tomou o último gole de cachaça. Bateu com força o fundo do copo no balcão. "Obrigado, caro amigo, por sua companhia. Tenho certeza de que amanhã nenhum de nós dois se lembrará um do outro."

Cambaleante, levantou-se e pôs-se de pé. Rindo de sua desgraça, deu as costas e saiu do bar.

Pedi uma nova dose de conhaque e, petrificado, comecei a fantasiar coisas sobre o rapaz bonito que instantes atrás estava sentado ao meu lado. Quem sabe eu não deveria sair correndo atrás dele, pedir seu telefone ou então ir mais além, convidá-lo para subir até meu apartamento para conversarmos mais à vontade sobre seu livro? Quem sabe seria esse rapaz o amor que eu tanto buscava? Nós dois morando numa casa de um cômodo só, um grande salão, abarrotado por estantes de livros; apenas um colchão a compor a arrumação miserável que os intelectuais adoram proclamar; eu, sentado numa escrivaninha teclando com elegância numa velha máquina de escrever; ele, despojado sobre o colchão, nu, fumando um cigarro e se deliciando com uma taça de vinho a observar-me em silêncio; seríamos felizes se assim fosse – só nós dois. Terminaríamos sempre juntos à noite depois de sexo, leituras em voz alta, críticas; seria importante apenas agradá-lo com minhas histórias, ninguém mais. Nada nos faria falta. Teríamos o suficiente: livros, sexo, cigarro e bebida. Tudo o que a mente precisa para fugir da ansiedade, da frustração.

Acordei de meus devaneios quando o homem atrás do balcão me perguntou se aqueles papéis eram meus. Só então notei que o rapaz havia esquecido o livro no bar. No mesmo instante, chegou aos meus ouvidos o barulho de uma freada brusca e, em seguida, de algo que se destroçava de impacto ao chão. E, por último, uma gritaria sem fim que vinha tanto do interior do bar quanto lá de fora.

Pus o manuscrito debaixo do braço e saí para ver o que estava acontecendo. Na avenida em frente ao bar havia um carro parado. Um cara, provavelmente o motorista, levava as mãos à cabeça em desespero. Todos falavam ao mesmo tempo: *"Deve ter morrido"*. *"Pobre rapaz!"* Eu não queria crer. Com dificuldade, afastando com as mãos as pessoas à volta, fui chegando mais perto. Já podia ver as pernas tortas de um corpo no asfalto. Calças xadrez. Levei as mãos à boca. Uma náusea fez o conhaque remexer no meu estômago. Precisava chegar perto. Ouvi burburinhos: *"Eu vi quando ele se atirou na frente do carro"*. *"Não tive culpa. Não consegui frear"*. *"Ele parecia bêbado"*. *"Tão novo..."* Dei mais alguns passos e, me esgueirando através da multidão, reconheci o jovem estirado no chão. Morto. Seus olhos ainda abertos, sua cabeça a repousar numa poça de sangue. Ele parecia querer me dizer isso a noite toda: *"Estou morto."* Todo o furor presente em seu áspero discurso emprestou ao seu pálido rosto uma espantosa calmaria que só aguentei contemplar por um breve momento.

Voltei para casa com o livro debaixo do braço. Passei a noite inteira lendo. Era impossível não pensar na imagem do jovem morto a cada página. Pela manhã, fumando um cigarro e bebendo a primeira xícara de café do dia, impressionado com a história, percebi que tinha em mãos uma valiosa obra literária. Mas antes que eu cometesse alguma maluquice, como por exemplo, registrar a obra como se fosse minha, peguei uma garrafa de álcool e o isqueiro e queimei todas as páginas dentro do tanque que ficava na área de serviço.

Foi melhor assim.

Diálogos com Deus

Literatura não cura,
não conforta,
não cicatriza nada,
mas ajuda a suportar a vida.

Chego
a conversar com Deus
enquanto escrevo,
mesmo sem ter fé
ou esperança alguma no mundo.

Deixe as velas acesas

Voltei a ser internado num hospital psiquiátrico logo após o sepultamento de papai. Eu já tinha bebido uma garrafa de conhaque a fim de suportar o interminável velório e assim que abri a porta de casa fui invadido por uma forte crise de ansiedade, beirando o pânico.

Durante alguns segundos não tive vontade de entrar naquele lugar que, em meio à escuridão, tornou-se totalmente desconhecido e assustador.

E ainda havia o vazio.

O cheiro de terra úmida.

O ar gelado.

A sensação de estar sendo empurrado para dentro da mesma cova onde papai foi enterrado horas atrás.

Acendi rapidamente a luz, mas a densa névoa que se descortinou diante dos meus olhos não se dissipou. Caminhei em direção à cozinha com dificuldade. Mamãe, calada até então – cansada devido às longas horas de um dia que parecia não ter fim – somente seguia meus passos arrastando as sandálias.

Peguei no armário algumas velas e tratei de acendê--las usando o isqueiro. Sentado no chão da sala, cheguei a grudar algumas no assoalho, mas mamãe, temendo um grande incêndio, começou a chorar e apagá-las, gritando que eu parasse com aquela loucura. Ao tentar segurar meu braço, o que acabou me deixando mais irritado, eu a empurrei com força. Ela caiu no chão e bateu a cabeça na parede.

Sem me importar com a agressão, voltei a acender as velas. E, como se estivesse diante de um altar sagrado, clamei repetidamente e em voz alta: "Deixe as velas acesas para que Deus possa me enxergar."

Deste ponto em diante só posso descrever o que minha mãe me contou depois: ela pediu ajuda aos vizinhos que, com muito esforço, impediram que eu destruísse a casa, enquanto a ambulância estava a caminho. Mamãe disse ainda que em nenhum momento eu interrompi meu cântico: "Deixe as velas acesas para que Deus possa me enxergar."

Só adormeci quando os enfermeiros aplicaram o tranquilizante no meu braço.

Fiquei internado por três dias.

Mais calmo, voltei pra casa.

Não havia mais escuridão.

Mamãe jogou fora todas as velas.

Deste traumático episódio, permaneceu nos meus pensamentos aquela espécie de oração: "Deixe as velas acesas para que Deus possa me enxergar."

De vez em quando eu acendo uma vela e tento falar com Deus usando as mesmas palavras – ainda que o gesto possa ser caracterizado como o sintoma de uma loucura não tratada e, aparentemente, sem cura.

Amor impossível

Deus é meu grande
amor impossível.
É pouco provável
que me ame
sendo eu quem sou:
viado,
alcoólatra,
drogado,
miserável
e que flerta
constantemente
com o suicídio.

Quando tudo está morto

A depressão mata a beleza
e o encanto dos mistérios da vida.
O gosto metálico de sangue na boca
é o primeiro sinal de que
tudo está morto:
a beleza,
a esperança,
o coração,
o mundo,
a alma,
o amor.

Mensagem de voz

Ontem eu recebi
uma mensagem de voz
de um antigo amor.

Ouvi cinco vezes seguidas.

Pus o vinil de Amy Winehouse pra tocar
e lembrei-me de tudo
o que fiz.
Todos os incentivos
para que ele não desistisse da banda:
livro do Leminski para inspirar
futuras composições,
uma guitarra nova,
reformas no estúdio.

Hoje acredito que a paixão desmedida
tenha motivado esses exageros,
mas na época eu só queria
seduzi-lo mesmo,
levá-lo pra cama.
Isso eu não posso negar.

Na mensagem de 58 segundos,
ele me agradece por não ter
deixado o sonho do rock morrer.
E termina dizendo que sou
"um grande amigo".

Lembro-me de quando dormimos juntos,
o beijo na boca,
ele sussurrando no escuro:
"Sexo agora não.
Ainda não estou preparado."
E na manhã seguinte:
"Eu sou hétero, cara.
Não haverá outro beijo."
Esse foi o seu bom dia
enquanto eu fumava um cigarro,
calado.

Quando Amy parou de cantar,
tomei dois comprimidos de Stilnox
pra dormir mais rápido.

Adormeci pensando:
o amor nunca morre.
Basta uma faísca pra incendiar
tudo dentro da gente.

Gosto de sangue

Sentir saudade
de um amor platônico
deixa nos lábios
um gosto metálico de sangue.
É o coração
regurgitando o desprezo.

Onde Deus está?

O médico disse que eu preciso parar de fumar e beber. O fígado está inchado e terei que fazer alguns exames. A dor no estômago vem do álcool em excesso também.

Não digo nada enquanto ele me observa com aquele olhar de dono-de-funerária-querendo-vender-um-caixão.

"E como vão os antidepressivos?", ele perguntou, enfim, de cabeça baixa, preenchendo o formulário.

"A ansiedade diminuiu um pouco. A angústia é que permanece. Mas angústia é pra vida toda. Já aceitei isso."

"Você acha?"

"Acho."

"É necessário evitar a bebida, Mike. Urgente! Você pode morrer a qualquer momento. Seu coração está fraco. Não vai aguentar muito tempo essas porcarias que você usa."

Mal sabe ele que meu coração enfraqueceu mesmo por causa de outra droga: o amor — mais potente e letal que todas as porcarias que fumei, cheirei e injetei até hoje.

Ao sair do hospital, atravesso a rua e entro no boteco da esquina, um lugar que sempre me abraçou em dias ruins. Encosto minha barriga doente num balcão mais doente ainda. Peço uma garrafa de conhaque e mando pra dentro três doses sem pensar em muita coisa.

O estômago dói.

O INFERNO É LOGO ALI *89*

O fígado dói.

O peito dói.

Mas não é o cigarro, nem a maconha, nem a bebida que faz o corpo adoecer. É a alma enferma que estraga tudo. Não tenho medo de morrer, acho que já disse isso várias vezes. O problema é padecer sozinho. Voltar do hospital, chegar em casa e não ter ninguém com quem dividir mais essa notícia ruim. Não encontrar um ombro, um abraço, um beijo.

Esvazio a garrafa de conhaque e a única pergunta que se repete nos meus pensamentos é "Onde Deus está?"

Um discurso contínuo de autocomiseração

Acho que estou
morrendo aos poucos.
O passado tem me atormentado
de maneira avassaladora.
Comparo o homem que outrora fui
com esse trapo de gente que sou hoje.
Eu era um sonhador.
Amava a boemia,
a música, a poesia.
Acabei me transformando
num discurso contínuo
de autocomiseração,
uma afronta
a tudo que a vida tem
a oferecer.

É sempre assim

Meu nariz está cheio de pó.
Vai começar a sangrar daqui a pouco.
É sempre assim.
Já matei meia garrafa de vodca
enquanto observo,
na tela do computador,
você e sua noiva
abraçados na praia.

Você não se parece
nem um pouco
com o mesmo que se deitou comigo.
Nem tão pouco lembra
o garoto assustado
que me abraçou forte pela manhã,
tremendo,
implorando para que eu
não contasse nada a ninguém.

Sei que você se casará,
mas vai me procurar outras vezes.
E eu o receberei, sempre.
O amor que sinto por você
me impedirá de expulsá-lo

quando bater na minha porta.
Aliás, é por amor
que vou depositar na tua conta
aquela grana que você me pediu.
Faça bom proveito!

Não há nada que você possa fazer

Enquanto a vida
é uma puta
com quem você
goza raras vezes,
a morte é a amante fiel
que o espera em casa
com uma sentença
irrevogável:
não há nada
que você possa fazer
para me evitar.

De que adianta ter paz

Existe um paraíso
onde eu não quero estar:
qualquer lugar que não tenha
ácido,
cocaína,
vodca e
maconha.

De que adianta ter paz
se não terei acesso à loucura
que me permite falar com Deus?

Um novo amor a cada dia

Já aconteceu de vocês se apaixonarem por alguém dentro do ônibus, no metrô, na fila do banco, mesmo tendo a certeza de que, passado aquele instante quimérico, jamais voltariam a ver a pessoa amada?

Isso ocorre bastante comigo.

A última vez foi num voo de Brasília para o Rio. Eu já tinha observado o rapaz na fila de embarque. Ele fazia o tipo despojado: boné na cabeça, parte da cabeleira exposta, tênis Nike surrado, uma calça jeans que há séculos não sabia o que era água, moreno, jovem, alto, segurando um livro do Bukowski.

Eu me instalei numa poltrona do corredor e calhou dele sentar justamente na fileira ao lado, também no corredor. Desse modo eu podia, de vez em quando, girar a cabeça discretamente para a direita e observá-lo com seu jeito tranquilo e sereno folheando a revista da companhia aérea.

Enquanto eu sofria com o desconforto da nova onda de antidepressivos — náusea, dor de cabeça, tontura —, o meu mais recente amor colocava os fones de ouvido e fuçava no pequeno monitor a sua frente, à caça de algum filme ou série.

Quando foi servido o lanche, notei que o rapaz comia com gosto, sorrindo, provavelmente, entretido com o filme. Muito diferente de mim, sem fome, com o estômago enjoado, com meus pensamentos recorrentes de morte, angústia, um novo livro para escrever, solidão.

Até hoje penso no sorriso dele se formando naquela boca de lábios grandes, na paz que senti só de contemplá-lo. E ao se apaixonar rápido assim, seu cérebro desencadeia, numa velocidade impressionante, uma série de planos para um futuro feliz; apresentar o novo namorado para a família, levá-lo na sua casa, ir ao cinema, encontro com amigos, fotos para divulgar nas redes sociais, viagens, noivado, casamento e...

O avião pousa, o sonho termina, os passageiros descem e o rapaz some no meio da multidão. Para sempre.

Nina

Não é segredo pra ninguém
que eu frequento puteiros.
Não há no mundo
um lugar melhor
para esquecer, temporariamente,
os problemas da vida.

Num puteiro da periferia
eu entro em contato com aquilo
que se opõe à soberba do amor:
sentar à mesa com uma puta velha
e indiferente às desgraças da vida,
fumar maconha ao lado de pessoas
que te abraçam mais que sua própria família,
pagar uma rodada de cerveja
para um infeliz qualquer
que sofre do mesmo mal.

Tudo isso faz de você
um vencedor
na noite.

Só que ontem eu voltei
muito triste de lá.
Aliás, todas as putas
estavam tristes.
Uma delas tinha se suicidado.
A Nina.
A novinha que eu mais gostava.
Tinha uns vinte anos
e a cara cheia de sardas.
Sorria sempre ao me ver.
E já que não pagava
pra fuder com ela,
só precisava garantir
uma rodada de cerveja
e dois baseados.

Um cara fez a besteira de filmar
a Nina chupando o pau dele
e depois postou na internet.
O tal vídeo viralizou.
Nina não aguentou a pressão
e cortou os pulsos
com uma gilete
sob o chuveiro.
O corpo da pobre coitada
foi encontrado pela manhã.

Que merda tudo isso!
O suicídio.
As putas tristes.
Meu canto preferido de luto.

Uma vez na vida

Nada que eu fizer agora
vai diminuir a saudade.
Nem o pó,
nem o uísque paraguaio,
nem as punhetas
olhando suas fotos.

Patético dizer isso,
mas pode ser que a gente
só ame de verdade
uma vez na vida.
As tretas,
os rolos que vêm depois,
são enganações,
um embuste.

É tipo transar de camisinha,
não deixar gozar dentro,
fumar maconha cheia de amoníaco.
Mas isso não importa.
Eu sou burro o bastante para te amar.
Da mesma forma
que meu fígado reclama
e eu continuo bebendo.

Esquecer

Já tentei de tudo
para te esquecer.

Tivesse eu a certeza
de que morrer
me conduziria
a um sono profundo e
eterno
ou
se pudesse afirmar
que Deus está
onde a morte
se faz presente,
daria fim a essa vida de
saudade
e
desamor.

Paz entre os mortos

Meu corpo poluído e decrépito
não vai resistir por muito tempo.
Insônia,
café,
drogas,
cigarro,
álcool,
fantasmas,
antidepressivos.

Não tenho medo de morrer.
Estou convencido de que
só há paz entre os mortos.
Apenas a solidão
me assusta mais do que
qualquer outra coisa.

Mergulho no abismo

"Teu fígado está destruído, Mike."

"O senhor acha que um transplante ajudaria?"

"Teu corpo poluído provavelmente rejeitaria um novo órgão."

"Será que os remédios causaram esse estrago?"

"Quais?"

"Foram tantos... Alprazolam, zolpidem, citalopram, rivotril. Essas porras não deveriam me curar, doutor? Era para o meu cérebro estar podre, e não o meu fígado."

"O fígado não deu conta de filtrar tantos antidepressivos. E tem também as outras porcarias que você usa: a morfina, o álcool, a cocaína. Acabou, Mike."

"É só o que tem a me dizer?"

"Prepare-se para o pior."

"Quanto tempo ainda tenho?"

"Um minuto. Dez anos. Uma hora. Não sabemos."

"Depositei esperança demais no amor."

"E mergulhou no abismo. Quanto maior a profundidade, menores são as chances de voltar à superfície."

Nem todo sapo quer virar príncipe

Nem todo sapo
quer virar príncipe.
Nem todo mendigo
quer abandonar as ruas.
Nem todo drogado
quer diminuir a dose.
Nem todo malandro
quer usar terno e gravata
dentro de um escritório.
Nem todo frequentador de bar
quer aprender a degustar vinhos chiques
em coquetéis lotados de gente chata.
Nem todo punheteiro
quer deixar de gozar sozinho.
Nem todo pecador
busca redenção para seus pecados.

Alguns,
como eu,
preferem apenas continuar vivendo
à revelia dos padrões impostos
por essa sociedade careta e infeliz,
sem ter que abdicar da vida desregrada
e se tornar santo.

Eu e mamãe

Faz muito tempo
que a gente não conversa.
Assim.
Desse jeito.
Olho no olho.

O aluguel atrasado.
A casa nessa bagunça.
A conta no banco parecendo
um saco sem fundo.
A senhora tem razão
de me repreender
com esses olhares duros,
penetrantes e um tanto enfurecidos.
Não a culpo por isso.

O café está bom?
Desculpa não ter adoçante.
Sei que a senhora detesta açúcar.
Essa marca de pó também é ruim.
Não é Melitta.
Não, mãe.
Deus não tem nada a ver com isso.

Não existem culpados
nessa porcaria toda.
A gente dá murro
em ponta de faca mesmo.
Erra, faz merda.

Teu perfume continua inconfundível:
alfazema, fumo e café.
Não, não. Isso é um elogio, mãe.
Eu gosto desta mistura.
Perdoe-me por tê-la feito chorar.
Eu também choro.
Não nego o descuido
com a arrumação da casa.
A senhora sabe que nunca
fui muito bom com essas coisas.

Mas mamãe não deixa
de ressaltar a desordem.
Reclama das vasilhas sem lavar,
empilhadas sobre a pia,
dos panos de prato fedidos e encardidos,
dos alimentos estragados na geladeira,
do fogão engordurado,
do chão salpicado de borra de café,
do lixo estufando na lixeira,
das roupas sujas se acumulando.

Diz que vai dar um jeito.
Eu não digo nada.
Acendo um cigarro.
Sei que enquanto ela estiver ali
não consigo me concentrar
e voltar a escrever.
Eu a deixo falar e andar
para todos os lados.
Mamãe nunca foi
das melhores donas de casa.
Sua arrumação é precária.
Daqui a pouco ela vai alegar cansaço
e pouca coisa terá sido feita.
Eu a conheço bem.
Lava umas poucas vasilhas,
uns copos e pratos.
Joga fora os vegetais podres,
desce com o lixo até o térreo,
faz um café,
pois diz que o meu é ruim.
Depois senta-se ao meu lado no sofá.
Encara-me de perto,
numa averiguação clínica espantosa.
Com sua voz rouca e áspera
tenta me convencer
a procurar um médico.
Segundo ela, estou pálido,
muito amarelo,

com olheiras enormes e
com aparência de quem já morreu
e não foi enterrado.

Eu não andava muito bem mesmo.
Mas nada me impulsionava
a mudar o rumo da minha vida.
Fumando e bebendo café
compartilhávamos de um silêncio
que não queríamos desfazer.
Eu só ansiava que ela fosse embora
o mais depressa possível.
A vagarosa passagem do tempo
medida por cigarros e cafés.
Até que mamãe deixa rolar
algumas lágrimas,
lamenta com sofreguidão
as crises depressivas
que a têm acometido
com maior severidade
nos últimos dias,
fala da saudade de papai,
confessa ainda não ter superado
sua morte.
Fuma outros tantos cigarros.
Chora ainda mais.
Mamãe é como
as velhas carpideiras

de tempos passados
— a carpideira incumbida de velar
pelo meu corpo ainda em vida.

Ela, enfim, vai embora.
O problema é que toda vez
que vem me visitar,
deixa sempre
impregnado na atmosfera
o ranço do passado
que luto tanto para esquecer.
Mamãe me desequilibra até os ossos.
Após sua partida
fico a contemplar meu rosto
no espelho do banheiro.
Estava perdendo a identidade
ou a capacidade de reconhecer
quem outrora fui.
Tornando-me um ser difuso,
de coloração sem brilho,
olhos opacos,
sem vida,
um cadáver distante da cova.
Apalpei a pele do rosto.
Aparentemente deu-me a impressão
de trazer junto à ponta dos dedos
pedaços da casca que parecia
soltar-se da face.

A palidez mórbida,
os cabelos desgrenhados
e a dor de cabeça constante
eram indicadores reais
de uma morte anunciada.

Acordar e desejar ser outra pessoa

De madrugada, o rapaz passou em frente ao bar onde eu bebia encostado no balcão e parou na calçada. Carregava uma caixa de Trident e perguntou se eu queria comprar. Antes de dizer sim ou não, reparei com atenção o garoto jovem, bonito, porém maltratado. Usava chinelos, bermuda de surfista, camiseta esgarçada, uma mochila aberta pendurada no ombro deixando aparecer o cabo do guarda-chuva. Nada que um bom banho não desse jeito, logo pensei.

Disse a ele que comprava a caixa inteira se topasse tomar uma cerveja comigo. O boy não se fez de rogado. Entrou no bar e se postou ao meu lado. E olha que nesse dia eu estava tranquilo, sem maldade, só relaxando e buscando alguma coisa interessante para escrever. Tinha acordado com uma frase se repetindo na minha cabeça – *acordar e desejar ser outra pessoa* –, mas não conseguia desenvolver nada a partir deste ponto.

Eu e o garoto simpático bebemos umas cinco cervejas. Conversa vai, conversa vem (olimpíadas, futebol masculino uma bosta, Rio de Janeiro de mentira pra turista ver, a mendicância do escritor), ele deve ter notado o meu interesse, meus olhares insinuosos que desciam até a bermuda folgada do garotão-malandro-carioca. Ao fim do último copo, decidi partir pro tudo ou nada. Chapado, lancei a proposta:

"Se eu te ajudar com uma grana, você deixa eu te chupar?"

"Me dá vinte conto aí que a gente desenrola essa parada."

"No banheiro do bar?"

"Aqui não. Tá maluco! Sei onde tem um lugar."

Viado com tesão ganha coragem e perde completamente a porra do juízo. E se o cara fosse assaltante ou então um assassino homofóbico? Perderia o celular, o resto de dinheiro na carteira, apanharia ou, na pior das hipóteses, meu corpo seria encontrado na sarjeta rodeado de cachorros maltrapilhos farejando o sangue coagulado. Na hora não pensei em nada disso. Só segui os passos do moleque. Atravessei a rua, andei adiante mais alguns minutos, entrei num beco escuro até avistar o letreiro quase apagado de um motel. Numa encruzilhada vazia de gente, mal iluminada, o boy parou, recostou as costas no muro e arriou a bermuda até a metade das coxas. O pau dele era grande.

"Chupa, vai."

Fiquei sem ação. Não sei o que houve comigo.

Talvez a imagem da fachada do motel caindo aos pedaços tenha me feito alterar os planos:

"Queria mesmo era te fuder."

"Pô, cara, esse lance de dá o cu não consigo não."

"Sei fazer com jeito".

"Vai ter que pagar mais."

"Quanto?"

"Trinta."

"Feito. Vamos ali ver qual é a dessa espelunca."

Arrastei-me em passos trôpegos. Ele veio no meu encalço logo após ajeitar a bermuda. Na portaria do motel fomos recebidos por uma velha gorda e sonolenta que esbanjando simpatia, pra não dizer o contrário, perguntou se seria o período de uma hora ou a diária inteira. O boy cochichou: "Peça o período. É mais barato."

"Vou pagar pela hora". A velha me deu a chave sem olhar pra minha cara.

Na claridade do quarto exíguo e decrépito o garoto ousado aparentava ser bem mais novo. Já foi logo tirando a roupa assim que fechei a porta. Ficou completamente nu. Observei as costas e o peito impregnados de espinhas, o rosto sem pelos, pernas e braços arranhados me remetendo a brincadeiras de rua na infância.

"Quantos anos você tem?", perguntei ao recobrar o juízo. Sentei-me na beira da cama com as pernas fracas. Ele permanecia de pau duro a minha frente.

"Dezessete".

"Vista a roupa, rapaz", lamentei esfregando os olhos com as duas mãos.

"Desistiu?"

"Você é uma criança. Não posso fazer isso."

"Mas eu curto."

"Curte o quê?"

"Eu gosto de fuder", disse numa interpretação sensual pouco convincente.

"Vá embora."

"Pelo menos me dá a grana."

"Por que faz essas coisas? Ainda não tem idade."

"Eu preciso do dinheiro."

"Drogas?"

"Não. Eu vendo doces no trem. Tenho que repor o estoque. Os trinta contos ajudam a limpar a barra com o fornecedor."

Arranquei da carteira uma nota de cinquenta e dei a ele.

"Agora vista a roupa e vá embora. Por favor."

O estalido seco da porta batendo me traz de volta à realidade. De repente eu me dava conta do lugar onde eu estava. Um verdadeiro muquifo. O banheiro não tem porta. O vaso sanitário também não possui tampa. O boxe de acrílico traz uma rachadura de cima a baixo. O chão todo molhado funciona como a nascente de um rio que escorre até o quarto, aos meus pés. Um pequeno basculante no alto, próximo ao teto é a única brecha por onde o ar entra. O ventilador velho dá a impressão de que está prestes a cair.

Sentado na beira da cama, cubro meu rosto com a palma das mãos. Nas minúsculas aberturas entre os dedos miro o chão lamacento que meus pés descalços tocam. Seria natural sentir-se arrependido numa situação como aquela ou então a necessidade de fugir dali o mais rápido possível. Mas não. Permaneci no muquifo por mais alguns minutos até fechar a hora pela qual paguei. Analisando friamente, eu não via motivos para me arrepender de coisa alguma.

Quando saí do hotel, um sol vermelho já despontava por entre as nuvens. Eu só tinha de ir para casa, fechar as cortinas e me deixar apagar num sono solene e justo.

No caminho de volta para casa, a mesma frase a se repetir dentro da cabeça: *Acordar e desejar ser outra pessoa.*

Que Deus tenha piedade de nós, amém!

De repente eu descubro,
assistindo ao programa do Datena,
que o puteiro mais famoso
da cidade onde cresci foi comprado
pela igreja universal.

As prostitutas protestavam
diante do velho casarão
e diziam ao jovem repórter
que estão passando fome,
que não sabem fazer outra coisa na vida,
que esperam uma indenização.

Em sua defesa, o pastor empresário
protegido no conforto de seu
escritório luxuoso diz que
tudo é obra de Deus
para o fim do pecado.

Estou pensando seriamente
em abrir um puteiro.
Assim tenho a possibilidade
de ficar rico, o que não conseguirei
sendo apenas um escritor.

Igreja também é um bom negócio,
mas prefiro viver entre as putas
do que no meio de bandidos engravatados
falando em nome de um Deus
que sequer acreditam.

Geração de perdedores

Somos a mais nova
geração de perdedores.
Morreremos sem que haja cura
para o câncer e para a aids.
Morreremos sem conquistar
a paz mundial.
Morreremos antes do fim
da fome na África.
Morreremos e o problema
dos refugiados de guerra persistirá.
Morreremos e deixaremos para a próxima geração
um planeta com condições climáticas catastróficas.
Morreremos sem solução
para exterminar o preconceito.
Morreremos ainda indignados
com crimes de homofobia, estupro, escravidão.
Morreremos antes do triunfo
da educação no Brasil.
Morreremos antes de pôr
um ponto final no ódio entre as religiões.
Morreremos antes da legalização
de todas as drogas.
Morreremos antes que a morfina
alivie as dores da alma.

Antes que a maconha
restaure a esperança.
Antes que a cocaína
leve pra bem longe o medo da morte.
Morreremos acidentados,
doentes,
inválidos
ou tudo isso em sequência.
Eu e você
jamais seremos
o que sonhamos ser.
Morreremos antes disso.

Antes que seja tarde demais

Alguém,
por favor,
que me traga maconha e cocaína.
Não quero mais subir o morro,
ter contato com os traficantes
e suas piadas homofóbicas.

Alguém,
por favor,
que me faça gozar
sem cobrar nada por isso.

Alguém,
por favor,
que me interne
na clínica de reabilitação
mais próxima.
Que não me deixe isolado lá.
Que vá me visitar
todos os dias,
levando no silêncio
de um sorriso
a promessa de salvação.

Alguém,
por favor,
que me ame tanto,
mas tanto,
que os antidepressivos
que não fizeram
merda nenhuma
por mim até agora
vão parar todos
na lata do lixo.

Alguém,
por favor,
que me indique um caminho
para anular a autopiedade.

Alguém,
por favor,
que me aplique
a segunda ampola de morfina
depois dos efeitos anestesiantes
da primeira.

Alguém,
por favor.
Uma freira,
uma puta,
um padre,

um pastor,
um filósofo.
Qualquer um que me explique
a teoria do tempo.
Os benefícios da esperança.
A origem da existência.
A consciência.
As ondas gravitacionais.
Qualquer um que me faça pensar
nesses mistérios
sem que seja preciso
entupir o nariz de pó
ou me afogar em várias
gotas de rivotril.

Alguém,
por favor,
antes que seja tarde demais.

Três mulheres

Só amei
três mulheres na vida.
Três criaturas muito diferentes que,
de certa forma,
forjaram meu caráter:
minha mãe,
a professora de filosofia e
a puta velha
da zona mais fudida da cidade.

Minha mãe transava com vários homens
além do meu pai,
e ainda posava de esposa fiel
nos cultos dominicais.
Sem levar em conta
a minha pouca idade de menino,
ela aconselhou-me certa vez:
"O segredo, meu filho,
é ser maluco o suficiente
para que ninguém tenha coragem
de confrontá-lo.
Será mais fácil para os outros
compactuarem com a sua loucura.

Aceitá-lo.
Por medo.
Ou falta de argumentos."

A professora dedicou-se
a me fazer entender
o poder do conhecimento,
mas uma vez me disse sem pudor:
"Nenhum livro substitui
o prazer de uma boa trepada.
Sexo com regularidade
também alimenta a alma."

A puta velha até que tentou
transar comigo,
mas desistiu logo na primeira tentativa:
"Nunca vi pau tão retraído
diante de uma buceta.
Parece que quer se esconder
dentro do saco."

Essa última mulher
me ensinou as lições
mais importantes:
"Não existe pecado
para os espíritos livres.
Em todo lugar pode haver felicidade.

Na miséria, principalmente.
Sujeitos desprezados pela sociedade
encontram seus próprios caminhos
para sobreviver a essa vida maldita."

O encanto da madrugada

O amanhecer mata os sonhos
e o pôr do sol ressuscita
os demônios da solidão.
Sobra o encanto da madrugada,
que pertence aos bêbados,
às putas,
aos seres livres.

Deus deve ter pensado
na criação do mundo
e do ser humano
depois da meia-noite,
embriagado de lirismo.
Mas realmente os criou
pela manhã,
de ressaca.

A eternidade é assustadora

"E se Deus existir, Mike?"
  "Isso pouco importa."
  "O que o aflige, então?"
  "O tempo após a morte. Seja no paraíso, no inferno ou, simplesmente, dormindo, a eternidade é assustadora."

Desejar que tudo termine dentro

Desejar que tudo
termine dentro.
De um abraço,
de um afago,
de um beijo.

Se em ti morresse hoje,
ressuscitar pra quê?

A paz

Comprar uma garrafa de cachaça
sai mais barato que
a consulta com o psiquiatra.
Confessar seus erros
a um amigo de bar é
mais vantajoso que as
intermináveis sessões de psicanálise.
Fumar um baseado
relaxa mais que
um monte de ansiolíticos.
Sexo ocasional com putas
ou garotos de programa
garante mais felicidade que um
casamento assassinado pela rotina,
com fodas mensais de cinco minutos.
Acreditar em Deus
não exclui seus defeitos
nem torna a humanidade melhor,
mas pode ser um caminho para a paz.
A paz individual,
pois o mundo continuará em guerra
até que tudo esteja destruído.

Um aprendizado para a morte

Sofro de insônia
porque desconfio que dormir
seja um aprendizado
para a morte.

Amanhã só haverá mais saudade

Amanhã só haverá
mais saudade.
E mais café.
E tantos cigarros
em meio à ruína dos sonhos e
à solidão que não tem fim.

Outro dia que nasce
traz dores e sofrimentos.
Antigos e novos.

A insônia é aquilo que
tenta me salvar toda noite
retardando o amanhecer.

Solidão infinita

A semelhança
entre Deus e o homem
está na solidão infinita
que carregam dentro de si.

Escrever é um ato de heroísmo

Escrever é
um ato
de heroísmo.

Escrever é
desejar
que todas as
desgraças
se transformem
numa bela canção.

A salvação do mundo

A poesia ainda salvará o mundo.
Jesus Cristo deu provas disso
ao fazer uso do lirismo
e das parábolas
para falar com os miseráveis:
"Olhai os lírios do campo..."

Pela última vez

Uma pena
que não poderei aplaudir
quando meu coração,
cansado,
bater pela última vez.

Esta obra foi composta em Bembo Book
e impressa em papel pólen 80 g/m² para a
Editora Reformatório, em março de 2023.